EDICT DV ROY pour la pacification des troubles de son Royaume.

Verifié en Parlement le 13. Juin, 1616.

A PARIS,
Chez F. MOREL, & P. METTAYER, Imprimeurs & Libraires ordinaires du Roy.

M. DCXVI.

Auec Priuilege de sa Maiesté.

OVIS PAR LA GRACE DE DIEV ROY DE FRANCE ET DE NAVARRE, A tous presens & à venir, Salut. Considerant les grands maux & calamitez aduenus par les troubles & guerres, desquelles nostre Royaume a esté depuis quelque temps, & est encores de present affligé : & preuoyant la desolation qui pourroit cy-apres aduenir, si par la grace & misericorde de nostre Seigneur lesdits troubles n'estoient promptement pacifiez : Nous pour à iceux mettre fin, remedier aux afflictions qui en procedent, remettre & faire viure nos subiects en paix & vnion, repos & concorde, comme tousiours a esté nostre intention : Apres auoir sur ce pris l'aduis de la Royne nostre tres-honoree Dame & Mere, des Princes, Ducs, Pairs, Officiers de nostre Couronne, & autres Seigneurs & notables personnages de nostre Conseil, estans prez de nous : Auons par cestuy nostre Edict perpetuel & irreuocable, dict, statué & ordonné, disons, statuons & ordonnons ce qui s'ensuit.

I.

Premierement, que la memoire de toutes choses passees d'vne part & d'autre, en cestuy nostre Royaume, depuis le premier iour de Iuillet dernier, que les presens troubles & mouuemens de guerre ont commencé, & à l'occasion d'iceux iusques à la publication qui sera faicte dans les Prouinces, par nos Gouuerneurs & Lieutenans Generaux en icelles, de l'acte de la paix, demeurera estaincte & assoupie, comme de chose non aduenuë, & ne sera loisible, ny permis à nos Procureurs Generaux, ny autres personnes publiques, ny priuees quelsconques, en quelque temps, ny pour quelque cause que ce soit, en faire mention, procez, ny poursuitte en aucune Cour, ny Iurisdiction.

II.

Deffendons à tous nos subjects de quelque estat & qualité qu'ils soyent, d'en renouueller la memoire, s'attaquer, iniurier, ny prouoquer l'vn l'autre par reproche de ce qui s'est passé, en contester ou quereller, ny s'outrager, offenser de faict ou de parole : Mais leur ordonnons se contenir & viure paisiblement ensemble, comme freres, amis & concitoiens, sur peine aux contreuenans d'estre punis comme infracteurs de paix, & perturbateurs du repos public.

III.

ORDONNONS que la Religion, Catholique, Apostolique, & Romaine, sera presentement remise & restablie en tous les lieux & endroicts où l'exercice d'icelle pouuoit auoir esté intermis, à l'occasion des presens mouuemens : deffendans à toutes personnes de quelque estat, qualité & condition qu'ils soyent, sur les peines que dessus, de ne troubler, molester, ny inquieter les Ecclesiastiques en la celebration du seruice diuin, ioüyssance & perception de leurs dixmes, fruicts & reuenus de leurs benefices, & en tous les autres droicts & deuoirs qui leur appartiennent : mesmes leur laisser la libre demeure & habitation dans leurs maisons, ausquelles ils souloyent demeurer auparauant ces mouuemens. Voulans que tous ceux qui durant iceux se sont emparez des Eglises, biens & reuenus desdits Ecclesiastiques, & qui les detiennent & occupent, leur en delaissent l'entiere possession, & paisible ioüissance, auec tels droicts, libertez, & seuretez qu'ils auoient auparauant.

IIII.

COMBIEN que par le soing & prudent aduis de la Royne, nostre treshonoree Dame & Mere, nous ayons cy deuant commandé & ordonné tres-expressement de bouche, & par escrit, à nostre Cour de Parlement, & à nostre

Procureur General, de faire toutes poursuittes & recherches de ceux qui ont participé au detestable parricide du feu Roy nostre tres-honoré Seigneur & Pere (que Dieu absolue,) Nous ayant esté neantmoins representé, que contre nostre intention aucuns de nos Officiers sont reputez auoir vsé de nonchalance & negligence en ladite recherche: Nous ordonnons de rechef, & tres-expressemẽt enioignõs à nostredite Cour de Parlement de Paris, & à nostredit Procureur General de receuoir tous aduis, memoires & enseignemens qui leur seront apportez sur ce subiect, pour faire la recherche, poursuitte & punition de cet execrable crime: leur mandant de faire en cest endroit, ce qui est du deub de leur charge, pour l'exacte execution de ceste nostre volonté. Et affin de destourner les esprits de nos subiects de penser à l'aduenir à ces damnables actes & impietez, nous escrirons à tous les Euesques de nostre Royaume, de faire publier chacun en leurs Dioceses le Decret du Concile de Constance, qui fait mention de la seureté de la vie des Rois & Princes souuerains.

V.

Et encores que la surseance de l'execution des Arrests de nostre Cour de Parlement de Paris, portee par l'Arrest de nostre Conseil du sixiesme Ianuier mil six cens quinze, & les Declarations que nous auons enuoyees hors nostre Royaume, ayent esté par nous ordonnées en la presence de la Royne nostre tres-honoree Dame & Mere, des Princes, Ducs, Pairs de France, Officiers de nostre Couronne, & autres principaux Seigneurs de nostre Conseil, estans prés de nostre personne, auec grande cognoissance de cause, meure deliberation, & pour bonnes & importantes considerations & raisons, afin de conseruer & entretenir suiuant l'exemple & la prudence du feu Roy nostre tres-honoré Seigneur & Pere, pour le bien & grandeur de nostre Royaume, toute bonne correspondance, paix, amitié & intelligence auec nostre tres-sainct Pere le Pape & le S. siege Apostolique, sans pour cela auoir faict aucune declaration preiudiciable, ny des-aduantageuse en sorte quelconque à nostre auctorité Royale, ny à nostre puissance souueraine, & à l'independance de nostre Couronne: dont par le prudent Conseil de nostredite tres-honoree Dame & Mere, Nous auons tousiours esté & serons plus ialoux & soigneux protecteurs que tous autres, ainsi que le requiert & nous y oblige nostre interest. Neantmoins nous ordonnons que ladite surseance portee par l'Arrest de nostredit Conseil du sixiesme Ianuier 1615. soit leuee, pourueu & à la charge aussi que ce qui reste à executer de l'Arrest ou deliberation de nostrediƈte Cour de Parlement, du deuxiéme dudit mois de Ianuier y mentionné, demeurera sans execution.

VI.

Et bien que nous ayons eu soing de commander à ceux de nostre Conseil de trauailler à la Responce qu'il nous conuiēt faire aux Cahiers qui nous ont esté presentez par les Estats Generaux de nostre Royaume, & que mesmes ils y ayent desia beaucoup aduancé, en ayant faiƈt le rapport d'vne partie en nostre presence. Neantmoins pour tesmoigner à tous les Ordres d'iceluy le desir que nous auons d'y pouruoir promptement, & satisfaire autant qu'il nous sera possible à leur contentement: Nous voulons & entendons qu'il soit cy-apres trauaillé incessamment à la responce desdits Cahiers, en sorte qu'elle soit expediee dans trois mois apres la publication des presentes.

VII.

Vovlons aussi que le premier Article du cahier du Tiers Estat nous soit lors represēté, pour estre par nous pourueu sur le cōtenu en iceluy, auec l'aduis des Princes de nostre sang, autres Princes, Ducs, Pairs de France, Officiers de nostre Couronne, Principaux de nostre Conseil, & aucuns de nos Cours de Parlement qui y seront par eux enuoyez, suiuant le commandement que nous leur ferons d'y deputer pour

deliberer

deliberer sur ledit Article.

VIII.

DECLARONS suiuant les anciennes Loix du Royaume, renouuellees par l'Ordonnance faicte sur les remõstrances des Estats de Bloys, en l'annee 1576. Qu'aucuns estrangers ne seront à l'aduenir admis ez offices de nostre Couronne, ny ez gouuernemens de nos Prouinces & places fortes, charges & dignitez militaires, offices de iudicature, & des finances, dignitez & prelatures Ecclesiastiques & autres functions publiques : sinon que en consideration de leurs signalez & recommandables seruices, & de leurs qualitez & merites, & pour la reputation de nos affaires & grãdeur de nostre Couronne, il y soit par nous derogé, ainsi qu'il a esté souuent faict par les Roys nos predecesseurs, que l'on a veu par experience en auoir esté vtilement seruis.

IX.

VOVLONS & entendons, comme nous auons tousiours faict que les Cours souueraines de nostre Royaume, soyent maintenues & conseruees en la libre & entiere function de leurs charges, & en l'auctorité & Iurisdiction qui leur a esté donnee par les Roys nos predecesseurs.

X.

Pour pouruecoir aux Remonstrances qui

ont esté faictes par nostre Cour de Parlement de Paris, en ce qui concerne la iurisdiction à eux attribuee, tant par leur establissement, que Ordonnances des Roys nos predecesseurs, sera faict vne Conference suiuant ce qui a esté cy-deuant proposé des principaux de nostre Conseil, & de nostredicte Cour de Parlemẽt, nonobstant l'Arrest de nostredit Conseil du 23. May dernier, lequel demeurera sans effect.

XI.

VOVLONS & ordonnons que tous ceux qui ont esté pourueuz par les Roys nos predecesseurs, ou par nous, de charges, estats, offices & dignitez: & qui en ont esté depossedez, ou qui sont en quelque sorte que ce soit, troublez en la function & exercice d'iceux, contre les loix du Royaume, y soient remis & restablis, pour en iouïr par eux, suiuant & conformément aux prouisions & pouuoirs qui leur en ont esté expediez, s'en acquittans de leur part, comme ils sont tenus de faire par leurs prouisions, & les sermens par eux prestez, & suiuant nos Edicts & Ordonnances.

XII.

N'ENTENDONS que desormais les charges de nostre maison, des Roynes nos Mere, & frere, Gouuernements de nos Prouinces & villes, Lieutenances Generales desdictes Prouinces, Capitaineries de places & Chasteaux, & toutes charges militaires, & autres qui n'entrent point en nos parties casuelles, soient venales: Ce que nous interdisons & deffendons à tous generalement quelsconques.

XIII.

Et affin que nous ayons plus de moyen de recompenser la vertu & les merites de ceux qui nous auront bien & fidelement seruis, nous declarons que nous n'entendons donner à l'aduenir aucunes suruiuances ny reserues d'aucuns Estats & offices, charges & dignitez, soit de nostre Couronne ou de nostre maison, ou autres: cõme aussi des Gouuernemens des prouinces & villes, Lieutenances Generales, & Capitaineries de places. Voulans que si par importunité ou surprise aucunes lettres ou prouisions en estoient cy apres expediees, elles soient reuocquees sans que l'on y ait aucun esgard.

XIV.

Vovlons & entendons que les Edicts de Pacification, Declarations & Articles secrets, verifiez en nos Cours de Parlement, comme aussi les breuets & responses des cahiers faicts par le feu Roy nostre tres-honoré Seigneur & Pere, & Nous, en faueur de nos subiects de la Religion pretenduë reformee, soient obseruez & executez, & qu'ils en iouïssent selon leur forme & teneur.

XV.

Et d'autant que maistre Pierre Berger Conseiller en nostre Cour de Parlement de Paris qui estoit pourueu d'vn des six Offices qui par le trentiesme Article dudit Edict, furent affectez à ceux de ladicte Religion pretenduë reformee, a faict profession de la Religion Catholique; Nous auons creé & erigé, creons & erigeons de nouueau, vn office de Conseiller en nostredite Cour de Parlement de Paris, aux mesmes gages, droicts, priuileges, auctoritez & functions que les autres: & lequel office (ainsi que dict est) par nous presentement creé, Nous affectons à ceux de ladite Religion pretenduë reformee au lieu de celuy que tient ledit Berger, & dont nous ferons pourueoir vn personnage de ladicte Religion pretenduë reformee suffisant & capable, suiuant la forme portee par le cinquantiesme des Articles particuliers accordez à Nantes à ceux de ladicte Religion.

XVI.

Vovlons & entendons que l'exercice de ladite Religion pretenduë reformee, soit remis & restabli aux lieux où il pourroit auoir esté discontinué ou interrompu depuis ledit premier iour de Iuillet, & à l'occasion des presens mouuemens, ainsi & en la mesme forme qu'il estoit auparauant.

XVII.

Et affin qu'il ne soit doubté de la droicte intention de nostre tres-cher cousin le Prince de Condé, & ceux qui se sont ioincts auec luy, nous declarons que nous reputons & tenons nostredit Cousin le Prince de Condé, pour nostre bon parent & fidel subiect & seruiteur, cõme aussi les autres Princes, Ducs, Pairs, Officiers de nostre Couronne, Seigneurs, Gẽtils-hõmes, villes, communautez & autres, tant Catholiques, que de la Religion pretẽduë reformee, de quelque qualité & condition qu'ils soyent, qui l'ont assisté, & se sont ioincts & vnis auec luy, soit auant, ou durant la suspension d'armes, y compris mesmes les Deputez de ladite Religion pretenduë reformee n'agueres assemblez à Nismes, & de present en nostre ville de la Rochelle, pour nos bons & loyaux subiets & seruiteurs. Et apres auoir entendu la Declaration à nous faicte par nostredit Cousin le Prince de Condé, nous croyons & estimons que ce qui a esté fait par luy & les susnommez, a esté à bonne fin & intention, & pour nostre seruice.

XVIII.

Nostredict Cousin le Prince de Condé & les autres Princes, Ducs, Pairs, Officiers de nostre Couronne & Seigneurs, tant Catholiques que de la Religion pretenduë reformee qui l'ont assisté, & se sont ioincts & vnis auec luy, soit auant ou durant la suspension d'armes, y compris mesmes les deputez de ladicte Religion pretenduë reformee cy deuant assemblez à Nismes, se desisteront & departiront dés à present de tous traictez, negociations, vnions, intelligences, ionctions, associations qu'ils pourroient auoir, tant dedans que dehors nostre Royaume, auec quelques Princes, potentats & autres personnes quelsconques, & pour quelque cause & occasion que ce soit, & y renonceront, sans pouuoir cy apres les continuer ny renouueller: Ce que nous leurs deffendons tres-expressément. Comme aussi de faire doresnauát aucunes cotizations & leuees de deniers sans nostre permission, fortifications, enroollemens d'hommes, congregations & assemblees autres que celles qui sont permises par nous ou nos Edits, & par les loix & Estats de nostre Royaume. Le tout sur peine d'estre punis rigoureusement, comme contempteurs & infracteurs de nos Ordonnances.

XIX.

VOULONS & entendons que nostredict Cousin & tous lesdits Princes & autres susnommez & specifiez, demeurent entierement quittes & deschargez de tout ce qui s'est faict

& passé, depuis le premier iour de Iuillet dernier, à l'occasion desdits mouuemens iusques au iour de la publication qui sera faicte dans les prouinces, & par les Gouuerneurs ou Lieutenans Generaux d'icelles, de l'acte de la Paix qui y sera enuoyé, sans que cy apres ils en puissent estre recherchez ny inquietez, pour quelque cause & pretexte que ce puisse estre, soit pour la prise des armes, port d'icelles, enroollemens & conduitte de gens de guerre, establissemens & entretenemẽt des garnisons, entreprises, sieges & prises de villes, places, Chasteaux & maisons fortes, par assault, cõposition ou autrement, fortifications, demantelemẽs & demolitions d'icelles, pillages & bruslemens de faulx-bourgs & villages, Eglises & maisons, commandez & aduouez par les Chefs, selon l'ordre & necessité de la guerre, equippage & conduitte d'artillerie, prise ou fonte d'icelle, & de boullets, confection de pouldres & salpestres, armement de vaisseaux sur la mer & riuieres, congez donnez aux Capitaines de Marine, prise & butins faicts en consequence desdits congez sur ceux de party contraire, prise de Couriers & Messagers de leurs pacquets & lettres, mesme durant la Trefue, emprisonnement d'officiers, ou autres personnes, establissement de Conseils generaux ou particuliers, tant pour la direction des finãces que pour autres affaires de la guerre, iugemens & execution d'iceux, tant ciuils que criminels, de police ou reglement, translations de chambres de Iustice, de Generalitez, d'Eslections & Greniers à sel; executions de mort faictes par droict de guerre, par les Preuosts des Mareschaux, leurs Lieutenans ou autres commis, & establis és armees, ou par commandement des Chefs, les formes de la Iustice non gardees, iugemẽs & declarations de rançons, amendes & butins, impositions de nouueaux droits & deuoirs, continuatiõ des anciens, ou augmentation d'iceux; leuees de pionniers, estape, munitiõs de guerre & magazins de viures & fourrages, coruees d'hõmes pour fortifier ou abatre places fortes ou chasteaux, prise de cheuaux, de nauires, de batteaux chargez de marchãdises & biens sur mer, ou sur les riuieres, prise & vente de biens, meubles, bagues & ioyaux, & argenterie, appartenant tant aux Ecclesiastiques qu'aux particuliers, dons d'iceux, baux à ferme des immeubles, couppes & ventes de bois taillis, ou de haute fustaye à nous appartenans, ou à autres, assemblees & termes de Conseils, establissement de Bureaux, & Pancartes, introduction d'estrangers, infraction ou contrauention faicte à la suspension d'armes, de part & d'autre, dont la reparation n'aura esté faicte, & tout ce qui a esté fait, geré & negocié, dit ou escript és liures, declarations & expeditions d'affaires, voyages, intelligences, traictez, associations & negociations faictes par quelques personnes que ce soit, en quelque lieu & pour quelque effect que ce puisse estre, tant dedans que dehors le Royaume: comme aussi toutes prises & leuees de nos deniers, ou des particuliers, de quelque nature que ce soit, & à quelques sommes qu'ils se puissent monter, soit en nos receptes ou hors d'icelles, tant du domaine, decimes, aydes, tailles, taillon, vente de sel, prix d'iceluy, tant des marchands, que de la gabelle, imposts & octroys mis sur iceluy, traictes & impositions mises sur les bleds, vins, viures & denrees, & sur toutes autres sortes de marchandises, entrans & sortans des villes & autres lieux, prise de deniers, des deposts, consignations d'amendes, butins & rançons, & biens meubles, saisies d'arrerrages, rentes & reuenus appartenans à quelques personnes que ce soit, fruicts de benefices, subsides, subuentions, cõtributions, emprunts sur les villes & bourgs, & toutes autres prises & leuees de deniers publics ou particuliers faictes, les formes accoustumees non gardees, par quelques personnes que ce soit, & generalement tous actes d'hostilité, desordres & exceds faicts & commis par la licence & necessité de la guerre, & toutes autres choses quelsconques, ores qu'elles ne ſoyent plus particulierement cy exprimees,faictes & executees pendant leſdits troubles, & qui ſe ſont enſuiuis à l'occaſion d'iceux, en quelque ſorte & maniere que ce ſoit, & par qui que ce ſoit qu'elles ayent eſté faictes auec pouuoir, charge, commandement ou adueu de noſtredit Couſin, ou des Princes, Ducs, Pairs & Officiers de noſtre Couronne, Chefs d'armees, ou commandans dans les Prouinces qui ſe ſont ioincts & vnis auec luy. Deffendons à toutes perſonnes quelles qu'elles ſoyent d'en faire aucune mention, recherche, procez ny pourſuitte, en quelque temps que ce ſoit, en aucune Cour ou Iuriſdiction, en general ou en particulier, ſoit cõtre noſtredit Couſin & tous autres auctoriſez & aduoüez de luy, & qui ont eſté employez par luy: entendans qu'ils en demeureront entierement quictes & deſchargez, comme nous les en quictons & deſchargeons par ces preſentes, ſoit que les choſes ſuſdites ayent eſté faictes par les commiſſions, lettres & mandemens de noſtredit Couſin, ou des autres ſuſnommez, impoſans ſur ce ſilence perpetuel à nos Procureurs Generaux, leurs Subſtituts preſens & à venir, & à toutes nos Cours de Parlement, Iuges, Officiers & tous autres, ſans qu'il ſoit beſoing aux particuliers d'obtenir de nous, pour ce qui les concerne autres lettres que ces presentes.

XX.

DEMEVRERONT pareillement quittes & deschargez tous ceux qui ont esté commis par nostredit Cousin le Prince de Condé, pour la direction des finances & deniers publics, ensemble nos Officiers tant de nos generalitez, que des eslections & greniers à sel, & tous autres qui ont executé les commissions & ordonnances de nostredit Cousin, & se sont entremis par son commandement, & en vertu de ses commissions des leuees desdits deniers & autres expeditions & actes de Iurisdiction, sur ce faictes ez villes qui se sont ioinctes & vnies auec luy, sans qu'ils en puissent estre ores & à l'aduenir inquietez, poursuiuis ny recherchez en façon que ce soit. Voulons que tout ce qui a esté par eux executé ayt pareil effect, comme s'il auoit esté faict en vertu de nos Cõmissions.

XXI.

VOVLONS aussi que tous nos Receueurs Generaux & particuliers, Fermiers, ou autres Comptables, lesquels font leur demeure & residence és villes & lieux tenus par nostredit Cousin, mesmes les Collecteurs des paroisses & Communautez, & tous ceux qui ont esté par luy commis & establis, ou par les autres Princes, Ducs, Pairs, & Officiers de la Couronne & autres ioincts & vnis auec luy, & ayãs pouuoir de luy à la leuée & distribution desdits deniers, demeurent quictes & deschargez vers nous de tout ce qui aura esté payé par eux à quelques personnes, & pour quelque cause que ce soit, en vertu de leurs Ordonnances, mandements & quittances, comme aussi de tous deniers qui auront esté pris par force & violence dans nos Receptes, ou hors d'icelles, des mains de nos Receueurs, Fermiers, & autres Comptables qui les auroient transportez ailleurs, sans que eux, leurs cautions & certificateurs presens & à venir en puissent estre recherchez ny inquietez, en quelque façon que ce soit. Voulans que tout ce qui aura esté par eux payé, soit passé & alloué en tous estats, comptes & comptereaux, en rapportant par eux pour toute descharge les Ordõnances ou quittances de nostredict Cousin, ou d'autres authorisez & aduouez de luy, & les actes & procez verbaux de force & contraincte, bien & deuëment certifiez: pourueu neãtmoins qu'ils en baillent estat certifié d'eux, & fassent paroistre desdites quittances ou procez verbaux, au bureau des Thresoriers de Frãce de leur generalité, dont ils prendront acte dans vn mois apres la publication des presentes, lequel temps passé ils n'y serõt plus receus ny admis: & cependant toutes contrainctes qui pourroient estre faictes par les Tresoriers de France, ou Receueurs Generaux contre lesdits Receueurs particuliers, pour le regard desdits deniers, seront sursises.

XXII.

VALIDONS & auctorisons pour cét effect tous comptes & comptereaux qui aurõt desia esté rendus par lesdits Receueurs, Fermiers, ou Commis, soit pardeuant nostredit Cousin ou autres par luy commis, pour les ouyr & arrester: ensemble les Ordonnances, mandements & acquits de l'employ desdits deniers, & payements faicts en vertu d'iceux, & quittances de nostredit Cousin, ou autres auctorisez de luy, & qui se sont ioincts auec luy, encores que l'ordre de nos finãces n'ait esté gardé, sans qu'il leur soit besoin d'obtenir d'autres lettres de validation, ny declaration de nous, que les presentes. Lesquels comptes ou compteteaux auec lesdites Ordonnances, mandements, acquits & quittances, lesdits Comptables seront tenus porter ou enuoyer dãs quatre mois en nos Chambres des Comptes, au ressort desquelles lesdites leuees & receptes de deniers auront esté faictes, sans qu'ores ny à l'aduenir lesdits Comptes puissent estre subiects à reuision ny correction, ny lesdits comptables tenus à aucune comparition pour cét effet, sinon en cas d'obmission de recepte ou faux employ, ny rendre autre nouueau compte que ceux qu'ils auront (comme dict est) rendus à nostredit Cousin, ou à ceux qui auront esté ordonnez par luy pour les ouyr: nonobstant toutes deffectuositez & manquements de formalitez qui s'y pourroient trouuer, imposans sur ce silence perpetuel à nos Procureurs Generaux de nosdites Chambres, presens & à venir.

XXIII.

Et pour le regard de ceux qui n'auront encores rendu leurs comptes, nous les en auons deschargez & deschargeons, attendu le peu de temps de leur maniement. Pourra neantmoins nostredit Cousin les faire compter par estat pardeuant luy, ou autres qui seront à ce par luy ordonnez pour cét effect: Lequel estat ou coppie collationnée d'iceluy, ils mettront dans six mois és mains de nos Receueurs Generaux des finances, chacun en sa Generalité, pour seruir & valoir tant à nosdits Receueurs Generaux que particuliers, & autres Officiers comptables, pour la iustification des reprises de leurs comptes, sans que lesdits Receueurs Generaux soient tenus de la validité ou inualidité des acquits: validant pour cét effect ainsi que dessus, toutes Ordonnances, mandemẽts, acquits & quittances de nostredit Cousin, & des autres Princes, Ducs, Pairs, Officiers de nostre Couronne, & autres ioints & vnis auec luy & auctorisez de luy.

XXIIII.

VOVLONS & entendons que les susdits articles ayent aussi lieu pour les Maire, Escheuins, Pairs, Bourgeois & habitans de nostre ville de la Rochelle, & qu'ils demeurent deschargez de tout ce qui a esté faict par eux, geré & negocié durant ces presens mouuemens, & iusques à present, tant en ladite ville que dans le pays d'Aulnis, soit pour leuee & assemblee de gens de guerre, prises de places fortes, Chasteaux & maisons dans ledit gouuernement, & confins d'iceluy, establissement des garnisons, armement des vaisseaux, prise & retention de nauires, commissions & congez donnez pour cest effect, & generalement de tous autres actes d'hostilité : comme aussi de toutes impositions & leuees de deniers, tant en ladite ville que hors d'icelle, mesmes du subside par eux imposé à Rochefort sur Charãte, prises de deniers publics, tant ordinaires qu'extraordinaires, de quelque nature qu'ils soyent, & pareillement des deniers de nos tailles, taillon, aydes & creuës, desquelles maistre Iehã Royer Receueur des tailles de ladite ville auroit esté cõtrainct de vuider ses mains, ensemble des deniers qu'ils ont receus de maistre Iacques Raizin, Receueur du domaine d'icelle, qui nous ont esté cy deuant adiugez & cõfisquez par sentence du Iuge des traictes de ladite ville du 11. iour de Iuillet, 1614. dont ils demeureront deschargez, nonobstãt tous dõs qui en pourroiẽt auoir esté par nous auparauant faicts à quelques personnes que ce soit, & sans que lesdits Royer & Raizin en puissent estre recherchez à present ny à l'aduenir: voulans que les quittances qu'ils rapporteront desdits Maire, Escheuins, ou autres par eux cõmis pour les receuoir, soient receuës en la Chambre des Cõptes, & par eux lesdits deniers passez & alloüez en vertu d'icelles sans difficulté, & cependant mettront dans les bureaux des Thresoriers de France à Poictiers dans vn mois, estat des deniers qu'ils auront ainsi payez pour seruir à la descharge du Receueur general, pour iustification de la recepte de ses comptes, & pour le regard de ce qui a esté receu par le Receueur ordinaire des deniers communs & patrimoniaux de ladite ville, ou autres commis par eux pour receuoir lesdits deniers cy dessus specifiez, ils seront deschargez rendans compte desdits deniers ainsi receus pardeuant lesdits Maire & Escheuins, comme ils ont accoustumé faire des autres deniers de leur charge.

XXV.

Les Commissaires & Controolleurs des guerres, payeurs & autres qui ont esté commis & ordonnez par nostredit Cousin, Gouuerneurs

neurs des prouinces ou commandans en icelles au faict des monstres, & payement des gens de guerre tant de cheual que de pied, qui estoient à sa suitte, ou soubs son authorité, & de ceux qui estoient ioincts & vnis auec luy durant les presens troubles, demeureront pareillement deschargez de tout ce qui regarde la certification des acquits & payement d'iceux, selon les roolles qu'ils en auront signez & expediez, encores que les formes n'y ayent esté gardees & obseruees.

XXVI.

Comme pareillement ceux qui ont esté establis durant lesdits presens mouuemens, pour exercer les charges de Commissaires & gardes des viures & munitions és armees conduictes par nostredit Cousin, & autres Princes, Ducs, Pairs & Officiers de nostre Couronne, & Seigneurs tant Catholiques que de la religion pretenduë reformee, ioincts & vnis auec luy, demeureront deschargez de leur administration, & de tout ce qui s'est passé, faict & executé par eux esdictes charges, de l'ordonnance de nostredit Cousin, ou des Princes & Seigneurs pour toutes sortes de munitions, viures, cheuaux, harnois, & autres choses leuees & exigees soubs leurs noms, sans qu'ils soient responsables du faict de leurs commis, clercs, & autres officiers par eux employez, le tout en rapportant par eux dans quatre mois declaration & certification de nostredit Cousin, ou desdits Chefs & Gouuerneurs, comme ils auront bien & fidellement seruy en l'exercice de leurs charges, en vertu dequoy nous les dispensons pareillement d'en rendre aucun compte en nos chambres des Comptes.

XXVII.

Et pour ce que les veufues & heritiers de ceux qui sont morts au seruice ou à la suitte de nostredict Cousin, ou ont esté employez par luy, pourroient estre poursuiuis & recherchez pour raison des choses faictes durant lesdits presens troubles & mouuemens, & à l'occasion d'iceux, par leurs maris, ou ceux desquels ils sont heritiers, nous voulons & entendons qu'ils iouissent de la mesme descharge que les deffuncts pourroient faire suiuant les articles precedens.

XXVIII.

Ne pourra estre tenu nostredit Cousin, ny les autres Princes & Seigneurs qui l'ont assisté, & se sont ioincts & vnis auec luy, ensemble les comptables par eux commis ou auctorisez, de payer ou faire valoir en leurs noms à qui que ce soit, ce dont pour la necessité des affaires durant lesdits presens mouuemens, & à l'occasion d'iceux, ils auront baillé leurs mandemens, lettres, rescriptions, assignations ou promesses.

XXIX.

Et pour plus grande asseurance & effect de nostre intention, nous voulons & ordonnons que tous Edicts, Lettres patentes, Declarations, faictes & publiees, Arrests, Sentences, Iugemens & decrets donnez sur icelles en nostre Conseil, Cours de Parlement, & autres Cours souueraines, & en tous autres lieux & Iurisdictions de nostre Royaume, & pays de nostre obeyssance, tant contre nostredit Cousin, que les autres Princes, Ducs, Pairs, & Officiers de nostre Couronne, Seigneurs, Gentils-hommes, Officiers, corps de villes, Communautez & particuliers de quelque qualité & condition qu'ils soient, tant Catholiques que de la religion pretenduë reformee, qui se sont ioincts & vnis auec luy, & l'ont suiuy, assisté & secouru, presté ayde & faueur en quelque sorte & maniere que ce soit, pendant & à l'occasion desdits presens troubles & mouuemens : comme aussi toutes poursuittes qui pourroient auoir esté faictes contre les deputez de ladite religion pretenduë reformee cy deuant assemblez à Nismes, & autres pour s'estre trouuez és assemblees tenuës à Nismes & à la Rochelle, assemblees Prouinciales, & aux Conseils des Prouinces demeurent nulles, & de nul effect & valeur, & comme tels soient rayez & tirez des Registres de nostredict Conseil, Cours de Parlemens, & autres Iurisdictions: Ensemble toutes informations, procés verbaux, prises de corps decernees, & procedures commencees, & autres actes de Iustice faicts pour raison des choses aduenuës durant & à l'occasion desdits mouuemens. Defendons à nos Procureurs Generaux, leurs Substituds, & à tous autres particuliers d'en faire aucune instance ny poursuitte à l'aduenir.

XXX.

La declaration faicte à Poictiers au mois de Septembre dernier, demeurera nulle & de nul effect, comme si iamais elle n'estoit aduenuë, & sera ostee des Registres du Parlement de Paris, sans qu'elle puisse porter preiudice, ny l'exemple d'icelle estre tiree à consequence à l'aduenir, en ce qui regarde l'honneur & dignité des Princes de nostre sang, lesquels neantmoins demeureront subjects à nostre Iustice, selon les formes anciennes & accoustumees en ce Royaume pour leur regard. Et quant à l'enregistrement de ladicte Declaration, nous entendons qu'en quelque sorte qu'il ait esté faict en nostre Cour de Parlement de Paris, il soit tiré des Registres d'icelle, & pareillement que ladite

Declaration, & les Arrests, Sentences & Iugemens interuenus sur icelle en toutes nos autres Cours de Parlement, & Iurisdictions inferieures, soient aussi ostees & tirees des Registres d'icelles.

XXXI.

Comme aussi nous voulons que s'il auoit esté donné quelque Arrest en nostre Cour de Parlement de Bordeaux au mois de 1614. ou faict quelque arresté qui se trouuast dans les Registres de ladite Cour contre nostredit Cousin le Prince de Condé, il soit tiré & osté desdits Registres.

XXXII.

Toutes places, villes & communautez qui se sont joinctes & vnies à nostredit Cousin le Prince de Condé, & lesquelles à l'occasion des presens mouuemẽs pourroient estre troublez en la libre & entiere ioüissance de tous leurs anciens droicts, priuileges, franchises, libertez, dons, concessions & octrois, y seront remises & restablies à pur & à plain : Voulans qu'ils en ioüyssent, en la mesme forme & maniere qu'ils ont bien & deüemẽt faict iusques au premier iour de Iuillet dernier : comme pareillement, Nous voulons & ordonnons que toutes Instances, Iurisdictions, Bureaux de receptes generales & particulieres, qui auroient depuis ledit temps, & à l'occasion de cesdits mouuemens esté ostees & mises ailleurs, y seront remises & restablies en la mesme forme qu'ils estoient auparauant, & notamment la chambre de l'Edict de Guyenne à Nerac. cessant & reuocquāt tous nouueaux restablissemens d'Eslections, qui pourroient auoir esté faicts pendant cesdits mouuemens, & à l'occasion d'iceux.

XXXIII.

Que les habitans de nostre ville de Poitiers, tant Ecclesiastiques, Officiers qu'autres, de quelque qualité & condition qu'ils soient, lesquels à cause de ce qui est aduenu le 23. du mois de Iuin 1614. & iours suiuants, & depuis se sont retirez de ladite ville, seront incontinent apres la publication du present Edict, remis & restablis en icelle, & en la possession & function de leurs charges, dignitez, benefices & offices, tant militaires que de Iudicature, de la police, des finances, & gages, ensemble tous autres qui pour mesme suject ont esté depossedez de quelques charges, & toutes lettres, actes, procedures & informations faictes à l'encontre d'eux, par quelques Commissaires que ce puisse estre, & qui pourroient en quelque façon que ce soit toucher nostredit Cousin le Prince de Condé, ensemble l'honneur desdits habitans, de la fidelité & innocence desquels nous nous tenons bien

& deuement informez, soient cassees & reuoquees comme nulles, & de nul effect & valeurs, & ostee des registres, tant du siege Presidial que de la maison de Ville, & de tous les autres lieux : Et sont tous les dessus nommez mis en nostre protection, de nos Gouuerneurs & Officiers dans la Prouince, & de ceux de ladite Ville.

XXXIIII.

Toutes procedures, informations, recherches faictes, sentences & iugemens donnez à l'encõtre d'iceux, depuis ledit 23. Iuin 1614. tant pour ce qui regarde la nauigation de la riuiere de Clin, construction de la ruë neufue de Poictiers, que pour les eauës & forests, demeureront nulles, & de nul effect & valeur, & les parties remises pour ce regard en l'estat qu'elles estoient auparauant, & les Arrests de nostre Conseil suyuis.

XXXV.

Voulons aussi, que nostredit Cousin & lesdits Princes, Ducs, Pairs, Officiers de nostre Couronne & Seigneurs : Ensemble tous Gentilshommes, Officiers Ecclesiastiques & autres, tant Catholiques que de la Religion pretenduë reformee qui l'ont suyui & assisté, & se sont ioincts & vnis auec luy, tant auant que durant la suspension d'armes soient restablis, maintenus & conseruez en la libre & entiere ioüyssance de leurs Gouuernemens, Estats, charges, offices, benefices & dignitez, ensemble des gages, droicts & reuenus qui en escherront cy apres, dont ils ioüyssoient auant le mois de Iuillet dernier, & ausquels ils pourroient auoir esté troublez à l'occasion des presens mouuemens, sans qu'ils soient tenus ny adstraints à prendre autres prouisions ou confirmations de nous que ces presentes, ny faire aucun remboursement ou recompense, à ceux lesquels pendant leur absence s'en sont faict pouruoir, & les ont exercees; & ce nonobstant toutes Declarations, Arrests, & Iugemens donnez contre eux, lesquels comme nuls & de nul effect demeureront cassez & reuocquez, cõme nous les cassons & reuocquons, & ordonnons qu'ils soient tirez des Registres, tant de nos Cours souueraines qu'autres Iurisdictions inferieures.

XXXVI.

Voulons & entendons que toutes personsonnes tant d'vne part que d'autres, soient remises comme nous les remettons & restablissons en la ioüyssance de tous & chacuns leurs biens meubles & immeubles, heritages, rentes & reuenus, droicts, deuoirs, noms, raisons & actions, en quelque part qu'ils se trouuent, dont ils pourroient auoir esté depossedez, troublez ou empeschez à cause des presens

troubles

troubles & mouuemẽs: nonobstant tous dons qui en pourroient auoir esté faicts à leur preiudice, ou de ceux ausquels ils appartenioient, leurs veufues, enfans & heritiers : Lesquels dons, confiscatiõs & toutes autres dispositions d'iceux, & toutes obligations & promesses sur ce faictes ; Nous voulons demeurer nulles, ensemble toutes procedures, Iugemens, Sentences, Arrests, saisies & ventes faictes en execution d'iceux, & generalement tout ce qui s'en est ensuyui.

XXXVII.

Entendons aussi, que le present Edict ait lieu pour nostre tres-cher frere naturel le Duc de Vendosme, & tous ceux qui l'ont suyui & assisté, soit auant ou depuis qu'il s'est joinct & vny auec nostredit Cousin le Prince de Condé, & qu'ils soient compris en la descharge generale portee par le presẽt Edict, pour tout ce qui s'est passé pendãt les presens troubles, & à l'occasion d'iceux: Et pour cet effect, Nous auons cassé & reuocqué, cassons & reuocquõs tous Iugemens, Sentẽces, & Arrests qui pourroient auoir esté donnez, tant contre luy que ceux qui l'ont suyui, soit en nos Cours de Parlemẽt & autres lieux, & specialement l'Arrest de nostre Cour de Parlement de Rennes, du 26. Mars dernier, donné contre les sieurs d'Alegre, Sainct Denys Maillot, Pierre-pont, la Roche-giffart, de Camors, de Charnacé, & la Barre-Chiuray, & celuy de nostre Cour de Parlemẽt de Roüen, du 11. Mars dernier, donné contre le sieur de la Balliuiere & autres y nommez, lesquels nous auons entierement deschargez, ensemble les veufues, enfans & heritiers de ceux qui ont esté executez, de toutes les condamnations portees par iceluy: lesquels Iugemens, Sentences & Arrests, Nous voulons estre tirez des Registres, tant de nosdites Cours de Parlement de Rennes & Roüen, qu'autres lieux & Iurisdictions inferieures, & imposons sur ce silence perpetuel à nos Procureurs Generaux, leurs Substituts presens & à venir.

XXXVIII.

Comme aussi, Nous reuocquons tous les Arrests donnez en nostre Cour de Parlement de Rennes, contre nostredit frere naturel le Duc de Vendosme, & ceux qui l'ont suyui depuis le premier Ianuier 1614. iusques à present, tant à l'occasion desdits presens mouuemens, qu'au preiudice du traitté de saincte-Menehoust, & de l'Edict qui fut faict en consequence d'iceluy en sa faueur: Comme aussi tout ce qui c'est faict & passé és derniers Estats de nostre Prouince de Bretagne, tenus en nostre ville de Nantes en ladite annee 1614. au preiudice des charges qu'il a audit pays.

XXXIX.

L'Edict faict sur le traitté de saincte-Menehoust au mois de Iuillet 1614. sera suyui & obserué en toutes ses parties, & toutes procedures, Sentences, Iugemens & Arrests donnez au preiudice d'iceluy, demeurent nulles & comme non aduenuës : comme pareillement seront reuocquez l'Arrest de condamnation donné en l'an 1615. en nostre Parlement de Rennes contre le sieur de Camors, & le Iugement donné preuostablemẽt par le Seneschal de sainct Seuer en Guyenne, contre le sieur de Strignoly & ceux qui l'ont assisté pour l'entreprise dudit sainct Seuer en l'annee 1614. lesquels seront tirez des Registres de nostredite Cour de Parlement de Rennes & siege de S. Seuer, & de tous autres lieux & Iurisdictions: voulans les condamnez estre remis en leur bonne renommee, honneurs & biens pour en ioüyr comme auparauant, & que toutes marques, vestiges & mouuemens desdites executions soient ostees.

XL.

Toutes Sentences, Iugemens & Arrests donnez pendant les presens mouuemẽs, contre les absens & non defendus d'vne part & d'autre, soit en Iustice Ciuile ou Criminelle, en toutes nos Cours ou Iurisdictions, mesmes les poursuites faictes en executiõ d'Arrests ou

Sentences données auparauant les presens troubles, seront nulles & de nul effect & valeur, & seront les parties remises au premier estat, & ainsi qu'elles estoient ledit premier iour de Iuillet. Et pour le regard des executions de mort qui ont esté faictes de part ou d'autre à l'occasion desdits presens mouuemens: Nous voulons que la memoire de ceux qui ont esté condamnez & executez, soit restablie & restituee, & les veufues, enfans ou heritiers deschargez de toutes amendes & confiscations qui pourroient auoir esté adiugees, ensemble de tous interests Ciuils ou despens, & que toutes marques & mouuemẽs desdites executions soient ostees : Ce que nous voulons specialement auoir lieu pour la condamnation & execution de mort interuenuë en la persõne de Iacques de Normanaisse sieur des Heberts ; Comme en semblable, Nous voulons que toutes poursuites faictes à l'occasion de cesdits troubles contre

Visbailly de Gien & ceux qui l'ont deliuré, demeurent nulles & de nul effect.

XLI.

Le temps qui a couru depuis le premier de Iuillet dernier iusques à present, ne pourra seruir pour acquerir aucune peremption d'instance ny prescription coustumiere, legale ou conuentionnelle contre ceux qui ont suyui nostredit Cousin, & qui se seront joincts & vnis auec luy : Et neantmoins toutes Sentences, Iugemens, Arrests & procedures & tous autres actes de Iustice faictes & donnees, tant en nos Cours souueraines qu'en toutes autres Iustices & Iurisdictions inferieures, entre personnes de mesme party, & entre tous autres qui auront volontairemét contesté & suby Iurisdiction, ne seront sujets à aucune reuocation, ains demeureront en leur force & vertu, sauf la voye de droict où le cas y escherra: Comme aussi tous Iugemens qui auront esté donnez par le Conseil estably par nostredit Cousin entre gens de mesme party, & dont l'execution s'en sera ensuyuie, tiendront : mesmes les Jugemens criminels donnez sur les Duels qui se sont faicts, tant par nostredit Cousin qu'aux armees & Prouinces, sauf les interests des parties ciuiles.

XLII.

Tous memoires, libelles diffamatoires, lettres, escrits & liurets iniurieux & scandaleux demeureront supprimez : Et sont faictes defenses tres-expresses à tous Libraires & Imprimeurs d'en imprimer ny exposer en vente cy apres, & à toutes personnes d'en escrire & composer, sur peine de la vie. Enioignant à tous nos Iuges & Officiers de faire leur deuoir à la recherche & punition des Autheurs d'iceux, ensemble des contreuenans ausdites defenses: Et neantmoins pour entierement esteindre la memoire des choses passees, Voulons que ceux qui pourroient estre poursuyuis & recherchez à l'occasiõ de tous escrits faicts & mis en vẽte depuis l'Edict de saincte-Menehoust en estre deschargez, comme aussi ceux qui pourroient estre detenus prisonniers sur ce suject.

XLIII.

Voulons & ordonnons que poursuitte & punition soit faicte des crimes & delicts commis entre personnes de mesme party pendant les presens mouuemens: Cõme aussi de ceux qui seront attaints & conuaincus d'incendie & assasinats de sang froid, violemens, rauissemens & forcemens de femmes & filles, & sacrileges.

XLIIII.

Toutes personnes estans de contraire party tant d'vne part que d'autre, qui ont esté pris durant les presens mouuemens, & à cause d'iceux, ou sont detenus prisonniers en quelque lieu que ce soit, mesmes en galleres, ou qui ont esté eslargis à leur caution iuratoire ou d'autruy, seront remis en leur plaine & entiere liberté, sans pouuoir estre detenus, poursuyuis ny condamnez en aucune peine, tant corporelle, infamãte que pecuniaire, dequoy nous les auons deſchargez & deſchargeons par ces preſentes. Et quand aux priſonniers de guerre, il en ſera vſé comme ſ'enſuit? C'eſt à ſçauoir, que toutes perſonnes de contraire party, tant d'vne part que d'autre qui ont eſté priſes durant les preſens mouuemens, & à cauſe d'iceux ont eſté iugez de bonne priſe, & en vertu deſdits iugemens ont payé rançon, ne pourront intenter aucune action pour ce ſujeɫ, ny pretendre aucune reſtitution de deniers contre qui ce ſoit. Tous ceux auſſi qui ont eſté pris & iugez de bonne priſe, qui en vertu deſdits iugemens ont compoſé & conuenu de leur rançon, à prix & ſommes certaines & limitees, qui ſont encores detenus priſonniers, ſe ſont obligez ou baillé caution pour le payement deſdites ſommes certaines & limitees, pourront eſtre pourſuyuis pour ce regard, & contraints au payement d'icelles ſommes. Et quant à tous autres qui n'ont conuenu ny compoſé de leur rançon à prix & ſommes limitees, ſoit qu'ils ſoient encores detenus priſonniers ou mis en liberté ſous leur caution iuratoire ou d'autruy de ſe repreſenter, ne pourront nullement eſtre pourſuyuis pour aucun payement de rançon, comme par ces preſentes, Nous les auons deſchargez & deſchargeons de l'vn & de l'autre, ſans qu'ores ny à l'aduenir ils en puissent estre recherchez, molestez ny inquietez en quelque sorte & maniere que ce soit.

XLV.

Seront restituez de part & d'autre, tous tiltres, papiers & enseignemẽs qui pourroient auoir esté pris dans les Maisons & Chasteaux particuliers, sans qu'ils puissent estre retenus, pour quelque cause & pretexte que ce puisse estre.

XLVI.

Toutes prises qui auront esté faictes par mer durant le present mouuement, en vertu des congez & adueuz donnez par les Chefs de part & d'autre sur ceux de party contraire, & qui auront esté iugez par les Iuges de l'Admirauté, ou autres Officiers à ce commis, demeureront assoupis sous le benefice du present Edict, sans qu'il en puisse estre faict aucune poursuitte, ny les Capitaines & leurs cautions, bourgeois & aduitailleurs & lesdits Iuges & Officiers recherchez & molestez en quelque façon que ce soit: Cõme aussi, Nous voulons que tous ceux qui auront obtenu congé de nostredit Cousin pour aller sur mer, & qui auec iceux seront ja partis, soient deschargez de toutes les prises qu'ils ont faictes ou pourront faire en vertu d'iceux, pendant le temps de trois mois apres la datte des presentes,

sentes, tout ainsi qu'ils feroient s'ils auoient eu congé de nous, ou de nostre Cousin l'Admiral, dont les iugemens se feront par les Officiers ordinaires de nostre Admirauté, ou autres à qui la cognoissance en appartient.

XLVII.

Nostredit Cousin le Prince de Condé fera remettre incontinent apres la publication de la paix dans les prouinces, les villes & places de Chasteau-Thiery, Espernay, Tonnecharante, Damajan, & generalement toutes les autres villes, places & chasteaux, que luy ou ceux qui sont assistez par luy, & se sont ioincts auec luy tant Catholicques que de la religion pretenduë reformee ont prises pendant ces mouuemens, & ce entre les mains de ceux qui les auoient en garde sans aucune en excepter: Comme aussi seront remis & restituez de part & d'autre toutes autres places, maisons & chasteaux appartenans, soit aux Ecclesiastiques, ou aux Gentilshommes particuliers entre les mains des Seigneurs proprietaires d'iceux, ou de ceux qui en iouyssoient auparauant cesdits mouuemens. Et pour le regard de Tartas, attendu qu'il a esté surpris sur le sieur de la Harie pendant la suspension d'armes, il sera presentement remis en ses mains, & deuant que l'on procede à la restitution des autres.

XLVIII.

Comme en ſemblable nous voulons & entendons que les villes & chaſteaux de Craon, Creil & Clermont en Beauuoiſis ſoient remis incontinent entre les mains de noſtredit Couſin le Prince de Condé en l'eſtat qu'elles ſont, & auſſi les villes de Bryenne, Roſnay & Montbron, entre les mains de noſtre Couſin le Duc de Luxembourg à qui elles appartiennent, à la charge neantmoins de faire démolir les fortifications qui y pourroiẽt auoir eſté faictes pendant ces mouuemens ſi aucunes y en a.

XLIX.

Nos Officiers tant Catholicques que de la religion pretenduë reformee, qui ont demeuré és villes qui ont ſuiuy & aſſiſté noſtredit Couſin, & qui à l'occaſion de ce, ou en ſuitte du preſent mouuement, n'ont peu payer le droict annuel de leurs Offices dans le temps pour ce prefix aux bureaux qui en auoient eſté eſtablis, ou en leur deffaut leurs veſfues, enfans ou heritiers ſeront receuz à payer ledit droict vn mois apres la publication du preſent Edict, & en ce faiſant iouyront du benefice dudit droict.

L.

Et d'autant que pour ſubuenir aux grandes ſommes de deniers qu'il nous conuient recouurer, tant pour le licenciemēt des gens de guerre qui sont sur pied de part & d'autre, & autres affaires de la guerre, seront les cinquante sols sur minot de sel qui auoient esté ostez en l'annee mil six cens dix, remis & reimposez ainsi qu'ils estoient du viuant du feu Roy nostre tres-honoré Seigneur & Pere.

LI.

Pour pareilles considerations seront restablis les quarante sols qui se souloient leuer sur chacun quintal de sel en l'estenduë de la ferme de Lyonnois dicte à la part du Royaume.

LII.

Comme aussi pour subuenir ausdites despenses, nous auōs ordonné quelques droicts estre imposez & leuez sur les marchandises dont on traficque sur quelques vnes des riuieres de cestuy nostre Royaume, afin de soulager d'autant le peuple de la campagne, & de nos bonnes villes.

LIII.

Les Articles secrets qui auront par nous esté accordez, & qui ne se trouuerront inserez en ce present Edict, seront entretenus de poinct en poinct, & inuiolablement obseruez, & sur l'extraict d'iceux, ou de l'vn desdits articles signez par l'vn de nos Secretaires d'Eſtat, toutes lettres neceſſaires ſeront expediees.

LIIII.

Et afin qu'il ſoit promptement pourueu à l'obſeruation de noſtre preſent Edict, mandons à nos amez & feaux Conſeillers les gens tenans nos Cours de Parlement, qu'incontinent apres iceluy receu, & toutes choſes ceſſantes, ils ayent à le faire publier & enregiſtrer en noſdictes Cours, ſelon ſa forme & teneur, purement & ſimplement ſans vſer d'aucunes modifications ny reſtrinctions, ny attendre autre iuſſion & mandement de nous, & à nos Procureurs en requerir & pourſuiure incontinent & ſans delay la publication: laquelle nous enioignons aux Gouuerneurs & nos Lieutenans generaux de nos prouinces, de faire pareillement faire chacun en l'eſtendue de ſa charge, & par tous lieux & endroicts à ce faire accouſtumez, & ce au premier commandement qu'ils en receuront de noſtre part, & ſans attendre que ladite publication ayt eſté faicte dans noſdites Cours de Parlement, à ce que nul n'en pretende cauſe d'ignorance, & que plus promptement toutes voyes d'hoſtilité, leuees de deniers, payemens & contributions eſcheuz & à eſcheoir, priſes, demolitions, & fortifications de villes, places & chaſteaux ceſſent, declarans dés à preſent icelles leuees de deniers, fortifications, demolitions, cōtributions, prises de biens, meubles, & autres actes d'hostilité qui se feront apres la publication ainsi faicte par les prouinces subjectes à restitution, punition & reparation, à quoy nous voulons estre procedé contre les contreuenans. Sçauoir est contre ceux qui vseront d'armes, forces & violences en la contrauention & infraction de cestuy nostre present Edict, empeschant l'effect & execution d'iceluy de peine de mort, sans espoir de grace ny remission : Et quant aux autres contrauentions qui ne seront faictes par voyes d'armes, forces & violences, seront punis par autres peines corporelles, bannissemens, amandes honorables, & autres, suiuant la grauité & exigence des cas, à l'arbitre & moderation de nos Iuges & Officiers, ausquels nous en auons attribué & attribuons la cognoissance, chargeant en cet endroict leur honneur & conscience d'y proceder auec la Iustice & égalité qui y appartient, sans exception ou difference de personne.

Si donnons en mandement ausdits gens tenans nosdites Cours de Parlement, Chambres de nos Comptes, Cours de nos Aydes, Baillifs, Seneschaux, Preuosts, & autres nos Iusticiers & Officiers qu'il appartiendra, ou à leurs Lieutenans, qu'ils facent lire, publier & enregistrer cestuy nostre present Edict & Ordonnance en leurs Cours & Iurisdictions, & iceluy entretenir, garder & obseruer de poinct en poinct, & du contenu en faire iouyr & vser pleinement & paisiblement tous ceux qu'il appartiendra, cessant & faisant cesser tous troubles & empeschemens au contraire. Car tel est nostre plaisir. Et afin que ce soit chose ferme & stable à tousiours, nous auons fait mettre nostre seel à nostredit present Edict, sauf en autre chose nostre droit & l'autruy en toutes. Donné à Bloys au mois de May, l'an de grace mil six cens seize. Et de nostre regne le sixiesme. Ainsi signé, LOYS. Et à costé visa, & au dessous, Par le Roy, estant en son Conseil, DE LOMENIE. Et seellé du grand seau de cire verte, sur lacs de soye rouge & verte.

Leu, publié & registré, oy & consentant le Procureur general du Roy, du tres-expres & reiteré commandement dudit Seigneur, apres tres-humbles remonstrances à luy faictes & reiterees sur les cinq, quatorze, quinze & cinquante-troisiesme articles, & sans tirer à consequence à l'aduenir pour la creation de l'office de Conseiller de la Religion pretenduë reformee, mentionné au quinziesme article. A Paris en Parlement le 13. Iuin 1616. Signé, DV TILLET.

Leu, publié & registré en la Chambre des Comptes, ouy, & ce consentant le Procureur general du Roy suiuant l'Arrest de ce iourd'huy vingt-huictiesme Iuin, mil six cens seize. Signé, BERTHELIN.

VEV par la Chambre les lettres Patentes du Roy en forme d'Edict, donnees à Blois au mois de May dernier, & les Articles particuliers y attachez sous le contre-seel, l'Edict de Pacification donné à Nãtes au mois d'Auril 1598. verifié & registré en ladite Chãbre, le dernier Mars ensuiuant, Conclusions du Procureur general du Roy, & tout consideré, LA *Chambre, les deux Semestres assemblez, a ordonné & ordonne, que sur ledit Edict & Articles sera mis, leu publié & registré, ouy, & ce consentant le Procureur general du Roy pour le contenu és quatorze & cinquante troisiesme articles dudit Edict, & cinquiesme desdits articles particuliers, estre gardé & obserué en ce qu'ils sont conformes aux Edicts & Declarations du Roy, verifiez & registrez en ladite Chambre, & à la charge que ceux qui ont receu & manié les deniers & compté d'iceux, suiuant le vingt-deuxiesme article dudit Edict, satisferont à iceluy dans le temps qui leur est prefix, & que les autres qui n'ont encores rendu compte, compteront en icelle Chambre dans deux mois, sans que la despense desdits comptes rendus & à rendre, puissent exceder la recepte: Et sera sa Majesté tres-humblement suppliee de pouruoir au remplacement des deniers pris & affectez au payement des rentes, & sans approbation du contenu és cinquante, cinquante-vn & cinquante-deuxiesmes articles dudit Edict. Et au regard de Maistre Isaac le Maistre, Conseiller & maistre en ladite Chãbre, mentionné au quatriesme desdits Articles particuliers: Ordonne ladite Chambre, qu'apres qu'il se sera purgé suiuant l'Arrest d'icelle, du 22. de ce mois, il iouyra du contenu en iceluy. Faict le 28. iour de Iuin 1616.*

Extraict des Registres de la Chambre des Comptes.

Signé, BERTHELIN.

Leu, publié & registré en la Cour des Aydes, ouy, & ce consentant le Procureur general du Roy, aux modifications portees par l'Arrest du iourd'huy. A Paris le huictiesme Iuin, mil six cens seize.

Signé, BERNARD.

Extraict des Registres de la Cour des Aydes.

VEU par la Cour les Chambres assemblees, les lettres Patentes du Roy en forme d'Edict, pour la pacification des troubles de ce Royaume, donnees à Blois au mois de May dernier, signees LOYS, & plus bas, par le Roy estant en son Conseil, De Lomenie, à costé visa, & seellees de cire verte sur lacs de soye rouge & verte, Articles particuliers accordez par sa Majesté estãt en son Conseil, la Royne sa mere presente à Blois le sixiesme iour dudit mois de May, signez LOYS, à costé visa, & plus bas, De Lomenie, attachez audit Edict, Conclusions du Procureur General du Roy: & tout consideré. La Cour les Chambres assemblees a ordonné & ordonne que lesdites lettres seront leuës, publiees & registrees en icelle, à la charge que la leuee des cinquante sols pour minot & quarante sols sur quintal de sel mentionez par icelles, n'aura lieu que pendant le temps de six annees, sans qu'elle puisse estre continuee pour quelque cause & occasion que ce soit, & sans approbation des lettres, breuets & traictez non verifiez en ladite Cour, ensemble des articles secrets non inserez audit Edict cõtenus és articles quatorze, trente neuf, cinquante-trois dudit Edict, & cinquiesme des articles particuliers attachez à iceluy, iusques à ce qu'iceux veuz & rapportez il en soit deliberé par ladite Cour: & pour le regard du cinquante-deuxiesme article dudit Edict, la Cour dit qu'elle ne peut entrer en la verification d'iceluy. Prononcé le huictiesme iour de Iuin, mil six cens seize.

Signé, BERNARD.

www.ingramcontent.com/pod-product-compliance
Lightning Source LLC
LaVergne TN
LVHW012011160826
845678LV00002B/777

* 9 7 8 2 3 2 9 6 6 8 9 4 9 *